Kleiner Sylter Sprachführer

Litj Sölring Spraakföörer

Erk-Uwe Schrahé

Kleiner Sylter Sprachführer

Deutsch – Sölring / Sylterfriesisch

Litj Sölring Spraakföörer

Dütsk – Sölring / Sölringfriisk

Edition Tintenfaß

Wir danken der Stiftung Nordfriesland
für die Unterstützung

© 2012, 2025 Edition Tintenfaß

Neckarsteinacher Straße 7, 69239 Neckarsteinach (Germany)
www.editiontintenfass.de | info@editiontintenfass.de

Alle Rechte vorbehalten.

Dieses Werk ist urheberrechtlich geschützt. Die Rechte an Idee, Inhalt, Titel, Gestaltung und Konzept liegen beim Verlag. Kein Teil des Buches darf ohne schriftliche Genehmigung des Verlags in irgendeiner Form – durch Fotokopie, digitale Vervielfältigung oder ein anderes Verfahren – reproduziert, verarbeitet, vervielfältigt oder verbreitet werden. Dies gilt ausdrücklich auch für die Übersetzung des Werkes oder von Teilen daraus in andere Sprachen, Dialekte oder künstliche Sprachformen sowie für adaptierten oder abgewandelten Inhalt in anderen Medienformaten (z. B. Hörbuch, Theater, Film, Online-Content, KI-generierte Inhalte etc.).

Wir behalten uns die Nutzung unserer Inhalte für Text und Data Mining im Sinne von § 44b UrhG ausdrücklich vor.
No part of this book may be used or reproduced in any manner for the purpose of training artificial intelligence technologies or systems.

Satz: τ-leχιs · O. Lange, Heidelberg

Printed in Germany

ISBN 978-3-943052-46-6

Inhalt

Vorwort

Die vielen hunderttausend Gäste, die jährlich die Insel Sylt besuchen, begegnen gelegentlich neben dem Deutschen auch einer Sprache, die zur traditionellen Identität vieler Sylter gehört, dem Sylterfriesischen (Sölring). Dies ist die Sprache, die auf der Insel seit über 1200 Jahren heimisch ist und auf die die Sylter zu Recht stolz sind. Dabei handelt es sich um einen Dialekt des Friesischen, einer westgermanischen, genauer gesagt nordseegermanischen Sprache, die eng mit dem (Alt-)Englischen verwandt ist und sich vom Hochdeutschen und Niederdeutschen (Plattdeutschen) grundlegend unterscheidet.

Die friesische Sprache selbst hat neben dem Nordfriesischen, das sich in verschiedene festland- und inselfriesische Dialekte differenziert, darunter das Sölring, zwei weitere regionale Ausprägungen, und zwar das Westfriesische (Frŷsk) der niederländischen Provinz Fryslân und den letzten erhaltenen Dialekt des Ostfriesischen, das Saterfriesische, welches noch im Saterland (Kreis Cloppenburg) gesprochen wird.

Wie die anderen nordfriesischen Dialekte und das Saterfriesische steht Sölring seit langem auf der „roten Liste" der vom Aussterben bedrohten Sprachen. Um so erfreulicher ist es, dass es nicht nur durch die Europäische Charta der Regional- oder Minderheitensprachen als Minderheitensprache anerkannt und geschützt ist, sondern dass sich viele Sylter heute vermehrt ihres sprachlich-kulturellen Erbes besinnen und sich bemühen, ihre Muttersprache zu erhalten, indem sie sie der jungen Generation weitergeben und sie im öffentlichen Leben der Insel sicht- und hörbar machen.

In unserer Zeit muss Spracherhalt notwendigerweise mit Schriftlichkeit einhergehen. Der Verfasser dieses *Kleinen Sylter Sprachführers*, Erk-Uwe Schrahé (1931–2018), hat sich in dieser Hinsicht vielfach um die Pflege seiner Muttersprache verdient gemacht, u. a. durch seine in unserem Verlag im Jahre 2011 erschienene Übersetzung von Antoine de Saint-Exupérys Klassiker *Le Petit Prince*. Möge auch das vorliegende Büchlein dazu beitragen, Sölring im Bewusstsein der Sylter und ihrer Gäste zu festigen und seinen Erhalt über weitere Generationen zu sichern.

Edition Tintenfaß *Walter Sauer*

Bemerkungen zur Aussprache

Die meisten Buchstaben(-kombinationen) werden im Sylterfriesischen wie im Deutschen ausgesprochen. Doppelvokale werden lang, einfache Vokale kurz gesprochen.

Die folgenden sylterfriesischen Schriftzeichen sind im deutschen Alphabet nicht vorhanden.

Schreibung	**Aussprache**
ā	langes, offenes *a* (*Hārefst*)
ē	langes, offenes *ä* (*Drēng*)
đ	*l* oder Zungenspitzen-r (*Weđer*)

Die folgenden Buchstaben(-kombinationen) werden im Sylterfriesischen (z. T. nur in bestimmten Positionen) anders als im Deutschen ausgesprochen:

aa	langes, offenes *o* (*maat*)
ai	vor *đ* und *r*: langes, offenes *ä* (*Kairem*, *Staiđer*); sonst *ei*
e	in *-em* und *-et*: kurzes *o* (*Kairem*, *kostet*); sonst *ä*
g	am Wortende und im Inlaut: *ch* (*hoog*, *Fügel*); sonst *g*
i	im Auslaut und in den Vorsilben *bi-*, *gi-*: Murmelvokal (*Mootji*, *Bisjuk*, *gifeelen*); in *-il* und *-ir*: meist langes *i* (*Jil*, *Jir*); sonst: *i*
ia	vor *l*: *äe* (*dial*); vor *r*: langes, offenes *ä* (*Miaren*).

k	zwischen Vokalen: stimmloses, schwaches *g* (*maaki*); sonst *k*
lj	verschmolzenes *l* + *j* (*ljucht*)
nj	verschmolzenes *n* + *j* (*finj*)
o	kurzes, offenes *o*, fast *a* (*Soker*)
p	zwischen Vokalen: stimmloses, schwaches *b* (*slöpen*); sonst *p*
r	Zungenspitzen-r; vor *k* und *t*: *ch* (ach-Laut, *suurt*); vor *p* und *b*: *f* (*Aarber*)
s	am Wortanfang immer stark, stimmlos (*soks*)
sj	*sch* (*Sjip*)
st	immer *s* + *t*; nie *sch* + *t* (*Staal*)
t	zwischen Vokalen: stimmloses schwaches *d* (*Mooter*); sonst *t*
tj	*tch* (*tjuk*)
w	zwischen Vokalen: *f* (*lewer*)

Begrüßung	Bigrööting
Guten Morgen!	Gur Miaren!
Guten Tag!	Gur Dai!
Guten Abend!	Gur Inj!
Herzlich willkommen!	Hartelek welkemen!
Hattest du eine gute Reise?	Herst dü en gur Rais?
Es freut mich sehr, dich zu sehen.	Hat früget mi mal, di tö sen.
Wie geht es dir?	Hurdeling gairt di?
Wie geht es deiner Familie?	Hurdeling gairt din Familji?
Hast du gut geschlafen?	Heest dü gur slöpen?
Danke, recht gut.	Fuul dank rocht gur.
Ich danke für den herzlichen Empfang.	Ik danki fuar dit hartelk welkemen.

Anrede

Im Sölring gibt es keine Anrede mit Herr oder Frau. Man gebraucht nur den Vornamen oder den Nachnamen für sich. Außerdem ist eine höfliche Anrede (mit Sie, Ihnen usw.) nicht üblich.

Anrede im Brief	Önspreek ön Breev
Lieber Herr Meier	Lef Meier
Liebe Frau Meier	Lef Frieda Meier
Liebe Johanna	Lef Johanna
Lieber Uwe	Lef Uwe
Mit freundlichen Grüßen	Me trinjelk Gröötnisen
Mit herzlichem Gruß	Me hartelk Grootnis

Bekanntschaft	Bikeentskep
Mein Name ist …	Min Noom es …
Das ist mein Mann.	Dit es min Man.
Das ist meine Frau.	Dit es min Wüf.
… mein Sohn.	… min Drēng.
… meine Tochter.	… min Faamen / Daachter.
… mein Freund.	… min Frinj.
… meine Freundin.	… min Frinjin.
… mein Verlobter.	… min Brirman.
… meine Verlobte.	… min Brir.
… mein Lebensgefährte.	… min Falig.
… meine Lebensgefährtin.	… min Falig.
Kennen wir uns nicht vom Sehen?	Keen wü üüs ek fan Sen?
Wohnst Du hier?	Uunerst dü jir?
Wie ist dein Name?	Wat es din Noom?
Wie heißt du?	Huerdeling jitst dü?
Woher kommst du?	Hurfan kumst dü?
Bist du schon lange hier?	Best du al lung jir?
Gefällt es dir hier?	Gifalt et di jir?
Bist du allein hier?	Best dü aliining jir?
Ich verbringe hier meinen Urlaub.	Ik maaki jir Uurlaub.
Hast du noch etwas Zeit.	Heest dü jit en bet Tir?

Besuch	Bisjuk
Ist Herr Hansen zuhause?	Es Hansen itüüs?
Kann ich Herrn Hansen sprechen?	Ken ik Hansen spreek?
Wohnt Herr Hansen hier?	Uunet Hansen jir?
Ich suche …	Ik sjuk …
Ich komme später noch einmal.	Ik kum leeter jit jems.
Wann kann ich kommen?	Wan ken ik kum?

Herein!	Kum iin!
Bitte nimm Platz.	Wiis sa gur en nem Plaats.
Einen Augenblick bitte!	En Oogenblek!
Tritt näher!	Kum wat naier!
Vielen Dank für die Einladung!	Fuul Dank fuar dit Nöörigin!
Ich soll dich von Herrn Hansen grüßen.	Ik skel di fan Hansen grööt.
Ich muss jetzt gehen.	Ik mut nü gung.
Vielen Dank für den netten Besuch.	Fuul Dank fuar di net Bisjuk.
Grüße bitte Herrn Hansen von mir.	Wiis sa gur en groot Hansen fan mi.
Ich hoffe, wir sehen uns bald wieder.	Ik hööpi, wü se üüs bal weđer.
Es war nett, dich kennenzulernen.	Hat wiar net, dat ik di keen liirt hoo.

Abschied	**Ofskēr**
Auf Wiedersehen!	Faarwel!
Bis bald!	Hentö bal!
Gute Nacht!	Gur Nacht!
Bis morgen!	Hentö miaren!
Ich möchte mich verabschieden.	Ik maat faarwel sii.
Alles Gute!	Ales Gurs!
Angenehme Reise	Net Rais!
Wir müssen gehen.	Wü mut gung.
Ich danke dir für deinen Besuch.	Ik danki di fuar din Bisjuk.
Komm bald wieder!	Kum bal weđer!
Wann sehen wir uns wieder?	Wan se wü üüs weđer?
Es ist schon spät.	Hat es al leet.
Grüße …	Grööt …
Vielen Dank!	Fuul Dank (*älter:* Toonk)!
Es war sehr schön.	Hat wiar mal net.
Es hat mir sehr gut gefallen.	Hat heer mi mal gur gifeelen.

Allgemeine Fragen	Algimiin Fraagen
Wann?	Wan?
Warum?	Hurom?
Was?	Wat?
Was für …?	Wat fuar?
Welche/r/s	Wat fuar?
Wer? / Wem?	Hoken?
Mit wem?	Me hoken?
Weshalb?	Hurom?
Wie?	Hurdeling?
Wo?	Hur?
Wie lange?	Hur lung?
Darf man hier …?	Mut em jir …?
Kann ich …?	Ken ik …?
Brauchst du …?	Brükst dü …?
Hast du …?	Heest dü …?
Was wünscht Ihr?	Wat wenski I?
Was ist das?	Wat es dit?
Was kostet das?	Wat kostet dit?
Was suchst du?	Wat sjukst dü?
Wer ist da?	Hoken es diar?
Wie heißt du?	Wat jitst dü?
Wie lange dauert es?	Hur lung waaret dit?
Wo ist …?	Hur es …?
Wo ist der / die nächste …?	Hur es di naist …?
Wo kann ich …?	Hur ken ik …?
Wo gibt es …?	Hur jeft et …?
Wo sind wir?	Hur sen wü?
Wohin gehst du?	Hurhen gairst dü?
Wohin führt dieser Weg?	Hurhen gair des Wai?

Bitte / Wunsch	**Ber / Wensk**
Bitte!	Wiis sa gur!
Bring mir bitte …	Wiis sa gur en bring mi …
Sag bitte …	Wiis sa gur en sii mi …
Hol bitte …	Wiis sa gur en haali …
Was wünschst du?	Wat wenskerst dü?
Ich hätte / Wir hätten gern …	Ik / wü her hol …
Ich brauche …	Ik brük …
Ich möchte lieber …	Ik maat lewer
Kann ich … haben / bekommen?	Ken ik … haa / fo?
Bitte hilf mir!	Wiis sa gur en help mi!
Gute Besserung!	Gur Beetring!
Alles Gute!	Ales Gurs!
Viel Vergnügen!	Fuul Formaak!
Ich wünsche dir …	Ik wenski di …

Dank	**Dank** (*älter:* Toonk)
Danke!	Fuul Dank!
Bitte! Nichts zu danken!	Wiis sa gur! Nönt tö danki!
Danke, gleichfalls!	Danki, aliksa!
Nein, danke!	Naan, dank (toonk)!
Vielen Dank für deine Hilfe!	Fuul Dank (Toonk) fuar din Help!

Bejahung und Verneinung	**Tostemi en naan sii**
Ja!	Jaa!
Gewiss!	Wes!
Selbstverständlich!	Jaa, wes en seeker!
Sehr gern!	Hol!

gut	gur
sehr gut	rocht gur
richtig	rocht
nein	naan
niemals	oler
nichts	nönt
Ich will (kann) nicht …	Ik wel / ken ek …
vielleicht	mesken
wahrscheinlich	waarskiinelk

Entschuldigung / Öntskiljigung

Verzeih bitte!	Foriiv wiis sa gur!
Entschuldige!	Öntskiljigi!
Es tut mir leid.	Hat diar mi mal liir.
Nimm es bitte nicht übel!	Nem dü dit man ek ööwel!

Glückwunsch und Beileid / Lekwensk en Diilnemen

Ich gratuliere dir	Ik gratliari di …
… zum Geburtstag.	… tö Gibuursdai (*älter:* Bērensdai).
… zur Verlobung.	… tö Forlöwing (*älter:* Ütbring).
… zur Vermählung.	… tö dit Bifriien / di Brölep.
Herzlichen Glückwunsch!	Hartelk Lekwensk!
Frohe Weihnachten!	Lekelk Jööl!
Ein glückliches neues Jahr!	En lekelk nii Jaar!
Ich wünsche dir …	Ik wenski di …
Viel Glück!	Fuul Lek!
Alles Gute!	Ales Gurs!
Mein aufrichtiges Beileid!	Min āprochtig Meliiren!

Beschwerden

Ich möchte mich beschweren!
Ich möchte den Geschäftsführer sprechen.
Das ist sehr ärgerlich.
Es fehlt …
Ich habe kein/e/n …
Es ist nicht in Ordnung.

Biswiaring

Ik maat mi biswiare / biklaagi!
Ik maat di Gisjeftsföörer spreek.
Hat es mal ärig.
Hat waant …
Ik haa niin …
Hat es ek ön di Reeg.

Verständigung

Sprichst du Sölring / Englisch?
Verstehst du mich?
Ich verstehe.
Ich verstehe nichts.
Was heißt … auf Sölring?
Was bedeutet das?
Wie bitte?
Wie spricht man dieses Wort aus?
Kannst du mir das übersetzen?

Forstuunelk

Snakerst dü Sölring / Engelsk?
Forstannst dü mi?
Ik forstuun.
Ik forstuun nönt.
Wat jit … üp Sölring?
Wat bidüüdet dit?
Wat sairst dü?
Hurdeling snaket em dit Uurt üt?
Kenst dü mi dit aurseet?

Wetter

Wie wird das Wetter?
Das Barometer steigt / fällt.
Wir kriegen schönes / schlechtes Wetter.
Es bleibt schön.
Es sieht nach Regen aus.
Es ist (sehr) warm.

Weđer

Hurdeling uur dit Weđer?
Dit Wederglees sticht / falt.
Wü fo gur / ring Weđer.
Hat bleft gur.
Hat sjocht eeđer Riin üt.
Hat es (mal) wärem.

Es ist kalt.	Hat es kuul.
Bleibt das Wetter schön?	Bleft dit Weđer gur?
Es ist neblig.	Hat es Töök.
Es ist stürmisch.	Hat es stormig.
Das Wetter ändert sich.	Dit Weđer anert höm.
Wir bekommen ein Gewitter.	Wü fo Tönerweđer.
Es regnet.	Hat rintj.
Es hat aufgehört zu regnen.	Hat rintj ek muar.
Die Sonne scheint.	Di Sen skintj.
Der Himmel ist klar.	Di Hemel es klaar.
bewölkt	bitain
Blitz	Lait
Donnerschlag	Tönerskrabel
Eis	Is
Frost	Kol / Frost
Es friert.	Hat früst.
Hagel	Hail
Luft	Locht
Mond	Muun
Sonne	Sen
Schnee	Sne
Es schneit.	Hat sniit.
Schneesturm	Snestorem
Sonnenaufgang	Senāpgungen
Sonnenuntergang	Sendialgungen
Stern	Stiar
Wind	Winj
Wolke	Wolk

Zahlen | Talen

Grundzahlen	Grüntalen
1	jen
2	tau
3	trii
4	fjuur
5	fif
6	soks
7	soowen
8	aacht
9	niigen
10	tiin
11	elev
12	twelev
13	trötain
14	fjuurtain
15	fiftain
16	sokstain
17	soowentain
18	achtain
19	niigentain
20	twuntig
21	jenentwuntig
30	dörtig
40	fiartig
50	föftig
60	söstig
70	sööwentig
80	tachentig
90	neegentig
100	hönert
1000	düüsent

Ordnungszahlen	**Ordningstalen**
der/die/das erste	di jest
der/die/das zweite	di taust
der/die/das dritte	di trēr
der/die/das vierte	di fjaart
der/die/das fünfte	di fifst
usw.	esf.

Bruchzahlen	**Brööktalen**
½	en Hualev
⅓	en trēr Part, en Dritel
¼	en fjaart Part, en Kwart, en Firtel
⅕	en fifst Part
⅙	en sokst Part
⅐	en soowenst Part
⅛	en aachst Part
1 ½	jen en hualev, üđerhualev
¾	triifirtel, (*bei Zeitangaben:* triikwart)
usw.	esf.

Vervielfältigungszahlwörter	**Formiaringstaluurter**
einfach	iinfach
zweifach	taumol
usw.	esf.

Wiederholungszahlwörter	**Weđerhaalettaluurter**
einmal	jenlop / jenmol
zweimal / doppelt	taulop, taumol / debelt
dreimal	triilop, triimol
viermal	fjuurlop, fjuurmol
usw.	esf.

Uhrzeit	Kloktir
Wie spät ist es?	Wat es de Klok?
Haben Sie /Hast Du die genaue Zeit?	Haa I / Heest dü di rocht Tir?
Es ist 1 Uhr.	Hat es Klok jen.
Es ist ungefähr 2 Uhr.	Hat es binai Klok tau.
Es ist ein Viertel nach 5.	Hat es kwart aur fif.
Es ist halb 7.	Hat es hualev soowen.
Es ist 5 nach 4.	Hat es fif Minüten eeđer fjuur.
Es ist 10 vor 8.	Hat es tiin fuar aacht.
Wann?	Wan?
Um 10 Uhr.	Om Klok tiin.
In einer halben Stunde.	Ön en hualev Stün.
Nicht vor 7 Uhr.	Ek fuar Klok soowen.
Es ist zu spät.	Hat es tö leet.
Es ist noch zu früh.	Hat es jit tö eeđer.

Allgemeine Zeitangaben	Allgimin Tir öndö
Tag	Dai
am Tage	bi Dai
(der) Morgen	Miarem
vormittags	iirönerem
mittags	medai
gegen Mittag	töögen Medai
Nachmittag	Aurner
Abend	Inj
abends	injems
Nacht	Nacht
nachts	nachtem
Mitternacht	Mernacht
um Mitternacht	om Mernacht

täglich	ark Dai
stündlich	ark Stün
heute	deling
gestern	jüster
vorgestern	jerjüster
übermorgen	aurmiaren
Monat	Muun
vor einem Monat	fuar jen Muun
seit 10 Tagen	sent tiin Daagen
Woche	Week
innerhalb einer Woche	benen jen Week
Wochenende	Weekjen
von Zeit zu Zeit	fan Tir tö Tir

Wochentage — **Weeksdai**

Montag	Mondai
Dienstag	Tiisdai
Mittwoch	Winjsdai
Donnerstag	Türsdai
Freitag	Friidai
Sonnabend/Samstag	Seninj
Sonntag	Sendai

Monate — **Muun**

Januar	Janiwaari
Februar	Febrewaari
März	Marts
April	Aprilmuun
Mai	Maimuun

Juni	Jüüni
Juli	Jüüli
August	Bārichtmuun
September	Septembermuun
Oktober	Oktoobermuun
November	Nowembermuun
Dezember	Desembermuun

Jahreszeiten	**Jaarstiren**
Frühling	Uurs
Sommer	Somer
Herbst	Hārefst
Winter	Wunter

Feiertage	**Fiirdaagen**
Gründonnerstag	Greentürsdai
Karfreitag	Stelfriidai
Ostern	Puask
Himmelfahrt	Hemelfaart
Pfingsten	Pingster
Weihnachten	Jööl
Silvester	Niijaarsinj
Neujahr	Niijaar

Familie	Familji
Ehefrau	Wüf
Ehemann	Man
Mutter	Mooter (*älter:* Moođer)
Vater	Faađer
Eltern	Aalern
Großmutter	Grootmooter (Mootji)
Großvater	Grootfaađer (Gooki)
Enkel	Jungensjungen
Kinder	Jungen
Junge	Dreeng (Drēng)
Mädchen	Faamen
Sohn	Dreeng (Drēng)
Tochter	Faamen (Daachter)
Bruder	Bröđer
Schwester	Sester
Onkel	Oom
Tante	Most
Das ist mein/e …	Dit es min …

Auf dem Tisch	Üp Staal
Brotkorb	Bruarkorev
Eierbecher	Aierbecher
Flasche	Borel
Messer	Knif
Gabel	Gaawel
Löffel	Skair
Glas	Glees
Kaffeekanne	Kofikan
Korkenzieher	Propentreker

Tasse	Kop
Untertasse	Skötel
Teller	Teler
Schüssel	Fat
Tischdecke	Staaldok
Zuckerdose	Sokerdoos

Frühstück	**Fuardaurt (Miarenskofi)**
Brot	Bruar
Weißbrot	Kaak
dunkles Brot	Suurtbruar
Brötchen	Runstek
Butter	Böter
Ei	Ai
Spiegelei	braaret Ai
Rührei	Röörai
Kaffee (mit Sahne)	Kofi (me Fleten)
Milch	Molk
Tee	Tee
Toast	Toost
Zwieback	Tübak
Zucker	Soker
Marmelade	Marmelaadi
Honig	Höning

Fische	**Fesk**
Aal	Jil
Flunder	Bot
Hering	Jering

Scholle	Skol
Makrele	Makreel
Seezunge	Tung

Gemüse	**Greensaaken, Greentjüch**
Bohnen	Buanen
Kohl	Kual
Rosenkohl	Ruusenkual
Möhren	Worteler
Gurke	Agork
Spinat	Spinaat
Grünkohl	Greenkual
Kartoffeln	Iartapels
Tomate	Tomaat

Obst	**Frücht**
Apfel	Aapel
Birne	Piar
Heidelbeere	Hiiđbai
Kirsche	Kasbiar
Stachelbeere	Stechelbiar
Nuss	Nöt
Pflaume	Plum
Erdbeeren	Iartbiar

Am Strand, im Hafen	Bi Strön, ön Haawen
Wir bauen eine Sandburg.	Wü bech en Sönborig.
Ist das Wasser kalt?	Es dit Weeter kuul?
Wie warm ist das Wasser?	Hur wārem es dit Weeter?
Gibt es hier Seehunde / Robben / Seeigel / Quallen?	Jeft et jit Saligen / Roben / Seeiigel / Glachen (Rochelsnot)?
Wann ist Ebbe?	Wan es Eeb?
Wann ist Flut?	Wan es Flör?
Ich möchte einen Strandkorb mieten.	Ik maat en Strönkorev hüür.
Wo ist hier eine Toilette?	Hur es jir en Hüsji?
Meer	See
Welle	See / Swalk
Düne	Dünem
Sand	Sön
Wasser	Weeter
Watt	Heef
Dusche	Dusji
Vogelwanderung	Fügelwanering
Wattwanderung	Heefwanering
Hafen	Haawen
Wo geht es zur Fähre?	Hur gair et tö di Föri?
Ankunft	Önkumst
Abfahrt	Ofköör
Schiff	Skep
Kutter	Kuter
Fischer	Fesker
Leuchtturm	Füürtoorn
Wie weit ist es nach …?	Hur fiir es et to …?

Beim Arzt | **Bi Dochter**

Beim Arzt	Bi Dochter
Rufen Sie bitte schnell einen Arzt!	Röp waker en Dochter!
Ist ein Arzt im Haus?	Es en Dochter ön Hüs?
Ich bin krank.	Ik sen kraank.
Wo gibt es hier einen Arzt?	Hur jeft et jir en Dochter?
Wo ist ein Krankenhaus?	Hur es en Kraankenhüs?
Kommen Sie bitte zum …	Wiis sa gur en kum tö …
Hier tut es weh.	Jir diar et siir.
Ich habe hier Schmerzen.	Ik haa jir wark.
Ich habe Fieber.	Ik haa Fiiber.
Ich habe mich übergeben.	Ik haa spiit.
Ich habe keinen Appetit.	Ik haa niin Aptiit.
Ich kann nicht schlafen.	Ik ken ek sliip.
Ist es schlimm?	Es et mal / ārig?
Du darfst nicht rauchen!	Dü must ek rooki!
Bleiben Sie einige Tage im Bett!	Bliiv hok Daagen ön Bēr!
Es ist nichts Ernstes!	Hat es nönt iarnst!

Körperteile	**Lifdiilen**
Ader	Iider
Arm	Jerem
Atmung	Uuremi
Bauch	Bük
Bein	Biin
Blase	Blöös
Blut	Blör
Brust	Brest
Darm	Tiarem
Fuß	Fut
Zehe	Tuan

Ferse	Hak
Hand	Hun
Finger	Finger
Daumen	Tüm
Zeigefinger	Perifinger
Mittelfinger	Merelfinger
Ringfinger	Gulfinger
Kleiner Finger	Litjfinger
Fingernagel	Fingernail
Ellenbogen	Alemböög
Kopf	Haur
Haare	Hiir
Hals	Hals
Auge	Oog
Mund	Mür
Nase	Nöös
Wange	Sjak
Ohr	Uar
Zahn	Ter
Zunge	Tung

Farben	**Klöören**
blau	blö
blond	leechthiieret
braun	brün
gelb	güül
bunt	broket (klööret)
rot	ruar
golden	gul
schwarz	suurt
grau	gre

silbern	sölwern
grün	green
weiß	wit

Im Restaurant	**Ön Restaurant**
Ich habe Hunger.	Ik haa Hunger.
Wir haben Durst.	Wü haa Töst.
Bringen Sie mir bitte die Speisekarte!	Bring mi, wiis sa gur di Spiiskaart!
Haben Sie vegetarische Speisen?	Haa dü wegetaarisk Spiisen?
Welchen Wein empfiehlst du?	Wat fuar Wiin reerst dü?
Ich möchte eine Flasche (ein Glas) Wasser / Limonade / Sekt / Wein / Schnaps /Saft.	Ik maat en Borel (en Glees) Weeter / Limonaad / Sekt / Wiin / Snaps / Saft.
Zum Wohl!	Sünhair!
Noch ein Glas / eine Flasche bitte!	Jit en Glees / jen Borel wiis sa gur!
Kann ich den Koch / Wirt sprechen?	Ken ik di Kok / di Wiart snaki?
Es hat mir gut geschmeckt.	Hat heer mi gur smakt.
Das Essen war zu scharf.	Dit Iiten wiar tö skarp.
Bring mir bitte Pfeffer und Salz.	Bring mi wiis sa gur Peeper en Saalt.
Bring mir bitte die Rechnung.	Bring mi wiis sa gur di Reekning.
Kann ich mit Kreditkarte bezahlen?	Ken ik me Kreeditkaart bitaali?
Nudel	Nuudel
Kartoffel	Iartapel
Reis	Ris
Lammfleisch	Lummeet
Schweinefleisch	Swinmeet
Rindfleisch	Beestmeet
Fisch	Fesk
Haben Sie frischen Fisch?	Haa I frisk Fesk?

Wurst	Mārig
Würstchen	litj Mārig
Nachtisch	wat achterön

Geschäfte	**Laaden (Kram)**
Apotheke	Apteek
Bäckerei	Bakerii
Buchhandlung	Bokhanel
Fleischerei	Slachterii
Friseur	Hiirkleper
Kaufhaus	Koophüs
Schneiderei	Skruađerii
Schreibwaren	Skriivwaaren
Schuhgeschäft	Skuurlaaden
Schumacher	Süter
Uhrmacher	Klokmaaker
Fischhändler	Feskhaneler
Möbelgeschäft	Mööbellaaden
Schmuckgeschäft	Smuklaaden
Gärtnerei	Guartnerii
Kohlenhändler	Köölenhaneler
Getränkemarkt	Drinkmarker
Fahrradverleih	Weelütlii
Autoverleih	Wain / Auto ütlii
Kfz-Werkstatt	Kfz-Werkstair
Wo ist ein/e ...?	Hur es en ...?

Behörden, Einrichtungen, Kirchen	Amten, Inrochting, Sērker
Rathaus	Raathüs
Bürgermeister/in	Büürfööger
Polizei	Politsai
Polizist/in	Politsist / Skandārem
Kindergarten	Jungensguart
Erzieherin	Jungensguartwüf
Kirche	Sērk
evangelisch	efangeelsk
katholisch	katoolsk
Pfarrer/in	Pröst
Priester	Pröst
Gottesdienst	Hööv
Heilige Messe	Heligmes
Schule	Skuul
Lehrer/in	Skuulmaister
Ich möchte … sprechen.	Ik maat … spreek.

Unterkunft	Önerkumst
Ich suche eine Ferienwohnung / ein Hotel / ein Privatzimmer.	Ik sjuk en Feeriienuuning / en Hotel / en Priwaatrüm.
Was kostet eine Nacht / eine Woche?	Wat kost jen Nacht / jen Week?
Mit Frühstück / Vollpension / Halbpension?	Me Miarenskofi / fol Kost / Hualevkost?
Zimmer frei!	Rüm frii!
Belegt!	Bilair!
Ich möchte ein Nichtraucherzimmer.	Ik maat en Rüm hur ek rooket uur.
Ich war / Wir waren mit dem Zimmer sehr zufrieden!	Ik wiar / Wü wiar me di Rüm mal töfreer!
Sylt ist eine Reise wert!	Söl es en Rais wērt!

Notizen

Ebenfalls bei Edition Tintenfaß erschienen:

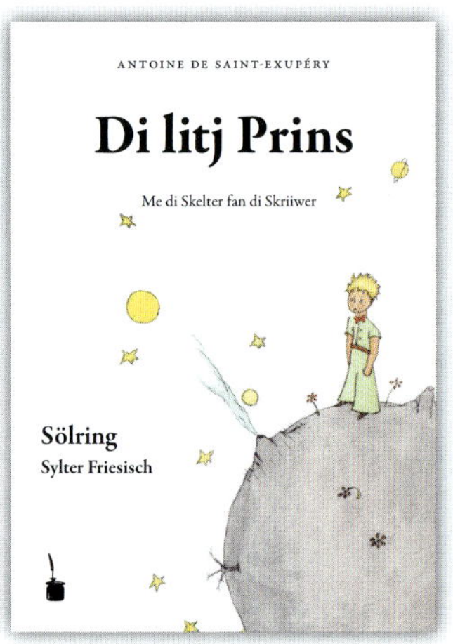

ISBN 978-3-943052-01-5

Wilhelm Busch

Maks en Moorits

Soowen Boofstreeken

Sylter Friesisch und Deutsch

ISBN 978-3-943052-83-1

ISBN 978-3-937467-67-2

ISBN 978-3-946190-32-5

Edition Tintenfaß, D-69239 Neckarsteinach, Tel.: +49 - 62 29 - 23 22
www.editiontintenfass.de / info@editiontintenfass.de